AF494062

HOMELIE III.

POUR LE QUATRIÉME DIMANCHE DE CARÊME,

SUR

LE MIRACLE DES CINQ PAINS.

Par M. le Curé de S. Sulpice de Paris.

TROISIÉME EDITION.

A PARIS,
Chez RAYMOND MAZIERES, ruë S. Jacques, prés la ruë du Plâtre, à la Providence.

M. DCCVII.

AVEC APPROBATION ET PRIVILEGE DU ROY.

TEXTE
DU SAINT EVANGILE
SELON SAINT JEAN.

EN ce temps-là : Jesus s'en alla au-delà de la mer de Galilée, qui est celle de Tiberiade, & une grande troupe le suivoit, parce qu'ils voyoient les miracles qu'il faisoit sur les malades. Mais Jesus s'en alla sur une montagne, & s'assit là avec ses Disciples. Or le jour de Pâques qui étoit la Fête des Juifs, devoit venir bientôt : Jesus donc ayant levé les yeux, & ayant vû qu'une grande multitude de peuple venoit à luy, dit à Philippe : D'où acheterons-nous du pain pour faire manger tout ce monde? Mais il disoit cela pour voir ce qu'il diroit, car il sçavoit bien ce qu'il devoit faire. Philippe luy répondit : Quand nous aurions pour deux cens deniers de pain, il n'y en auroit pas assez pour en donner un peu à chacun d'eux. André, frere de Simon Pierre, l'un de ses Disciples, luy dit : Il y a icy un petit garçon qui a cinq pains d'orge, & deux poiſſons: mais qu'eſt-ce que cela pour tant de gens? Jeſus leur dit: Faites-les aſſeoir: or il y avoit là beaucoup d'herbe: il y eut prés de cinq mille hommes qui s'y aſſirent: & Jeſus prit les pains, & aprés avoir rendu graces, il les diſtribua à ceux qui étoient aſſis: on leur donna de même des poiſſons autant qu'ils en voulurent: puis quand ils furent raſſaſiez, il dit à ſes Diſciples: Amaſſez les morceaux qui reſtent, de peur qu'ils ne ſoient perdus: ils les amaſſerent donc, & eurent douze paniers pleins de morceaux des cinq pains d'orge, que laiſſerent ceux qui en avoient mangé: Ces gens-là ayant vû le miracle que Jeſus avoit fait, diſoient: En verité, c'eſt icy le Prophete qui doit venir au monde. Jeſus donc ſçachant qu'ils le viendroient enlever pour le faire Roy, ſe retira encore tout ſeul ſur la montagne.

Voilà l'Evangile du jour. Voyez les autres circonſtances de ce même miracle, rapporté dans S. Mathieu, ch. 14. dans S. Marc, ch. 6. dans S. Luc, ch. 9. & le miracle des ſept Pains, dans S. Mathieu, ch. 15. & S. Marc, ch. 8. parce qu'on les explique icy, & qu'elles reviennent au même ſujet moral qu'on traite icy.

HOMELIE TROISIE'ME SUR LE MIRACLE DES CINQ PAINS.

LE Seigneur qui de riche s'est fait pauvre pour nous enrichir par son indigence, & nous procurer les biens du Ciel, en nous détachant de ceux de la terre; venant au monde a jugé convenable à ses desseins, & à nôtre édification, de choisir un état de vie plus sujet à recevoir l'aumône, qu'à la faire, afin de nous apprendre qu'il est d'une plus grande perfection de souffrir patiemment sa propre disette, que de soulager celle des autres. Aussi voyons-nous dans l'Evangile, que ce divin Sauveur étoit quelquefois si dénué d'argent, qu'il luy fallut faire un miracle pour avoir une piece d'argent, afin de payer ſon paſſage dans un bateau : & que plus dépourvû que les oiſeaux, il n'avoit aucun lieu où repoſer ſa tête : mais dans la ſuite quelques pieuſes Dames ayant pris ſoin de fournir à ſa dépenſe, ſur tout dans le cours de ſes miſſions, & à celle de ſes Diſciples ; il y en eut un d'eux qui fut chargé de porter l'argent, & de diſtribuer des aumônes : il eſt même écrit, qu'en quelque endroit que Jeſus-Chriſt paſſât, il faiſoit du bien à tout le monde, gueriſſant les malades, délivrant les poſſedez, *pertranſiit benefaciendo, & ſanando omnes oppreſſos à diabolo :* exerçant ainſi excellemment l'aumône temporelle, corporelle & ſpirituelle.

D'ailleurs, celuy qui s'eſt bien voulu refuſer les biens temporels, n'eſt-il pas celuy-là même de qui la main liberale donne abondamment la nourriture à toute creature vivante ? *Qui dat eſcam omni carni, & implet omne animal benedictione.* N'eſt-ce pas luy qui enrichit la terre de fruits, qui de ce peu de grains que le laboureur jette dans ſon champ, en fait ſortir les plus riches moiſſons ? Pourquoy donc s'étonner ſi nous voyons aujourd'huy quelques pains ſe multiplier entre ſes mains toutes-puiſſantes ? *Quis enim & nunc paſcit univerſum mundum, niſi ille qui de paucis granis ſegetes creat ? unde enim multiplicat de paucis granis ſegetes, inde in manibus ſuis multiplicavit quinque panes*, dit S. Auguſtin.

Enfin cette même parole qui a été ſi feconde dés le commencement de l'Univers, lors qu'elle commanda à la terre de produire des fruits, n'a-t-elle pas conservé sa même autorité & sa même vertu, lors qu'elle a ordonné aux hommes dans l'Evangile, de devenir eux-mêmes des terres fertiles qui servissent comme de patrimoine à ceux qui n'en ont point? Combien de riches du siecle entendant cette verité étonnante: Il est plus aisé qu'un chameau entre par le trou d'une éguille, qu'il n'est aisé qu'un riche entre dans le Royaume des Cieux, se sont déchargez du fardeau de leurs richesses pour en soulager les miserables?

Combien de gens attachez de cœur à leur propre bien, effrayez de cet oracle: Que les avares ne possederont point le Royaume des Cieux: *Avari regnum Dei non possidebunt:* devenus saintement prodigues, ont répandu ce bien qu'ils aimoient tant, à ceux qui n'en avoient point?

Combien ce conseil salutaire de racheter ses pechez par des aumônes, *peccata tua eleemosynis redime*, a-t-il fondé d'Hôpitaux & de Monasteres?

Combien de personnes touchées du desir de la perfection, lisant ce conseil du Sauveur: Si vous voulez être parfait, allez, vendez tout ce que vous avez, & donnez-le aux pauvres, & suivez-moy, & vous aurez un tresor au Ciel; ont-elles confié des tresors dans la main de ceux qui les ont portez dans les tabernacles éternels? *Si vis esse perfectus, vade, vende omnia quæ habes, & da pauperibus & veni, & sequere me, & habebis thesaurum in cœlo.*

Combien de ravisseurs, & de détenteurs du bien d'autruy ont reparé leurs larcins & leurs extorsions, en rendant avec uſure ce qu'ils avoient acquis avec injuſtice, frappez de cette parole menaçante : *Neque fures neque rapaces regnum Dei poſſidebunt ?*

Combien de perſonnes opulentes faiſant reflexion à l'hiſtoire du mauvais riche, enſeveli dans les enfers, & brûlant dans des braſiers ardens, pour avoir été dur & impitoyable envers le pauvre, *ſepultus eſt in inferno, crucior in hac flamma, in tormentis :* ont-ils ceſſé d'être ſourds aux cris des malheureux Lazares ?

Enfin, combien cette derniere parole que Jeſus-Chriſt au jour du Jugement adreſſera aux Réprouvez d'une voix tonnante : Allez, maudits, au feu d'enfer, qui eſt preparé au diable & à ſes Anges ; parce que j'avois faim, & vous ne m'avez pas donné à manger ; j'avois ſoif, & vous ne m'avez pas donné à boire, &c. a-t-elle attiré de largeſſes immenſes ſur de miſerables neceſſiteux ?

Comment donc peut-on s'imaginer que le Sauveur, pour n'avoir pas voulu poſſeder de richeſſes, n'ait fait aucune aumône ? Le ſeul exemple de ſa pauvreté volontaire, n'a-t-il pas appauvri un nombre infini de riches, qui ont enrichi un nombre infini de pauvres, en s'appauvriſſant eux-mêmes, & en nous enrichiſſant tous de leur exemple ?

Pourquoy donc s'étonner de la multiplication miraculeuſe des Pains d'aujourd'huy ; & puis que dans les Dimanches precedens, nous avons adoré Jeſus-Chriſt attenué par le Jeûne, & élevé par la Priere, admirons-le à preſent attendri de charité, faiſant une aumône auſſi myſterieuſe qu'abondante à ce grand nombre

nombre de pauvres qui l'avoient ſuivi dans le deſert, leſquels pour n'avoir été attentifs qu'à ſe repaître de la parole qui ſoûtenoit la vie de leur ame, meriterent de plus de ſe repaître d'un aliment qui conſervoit la vie de leur corps.

Nous verrons dans l'Evangile de ce jour trois choſes : premierement, la miſere extrême où la pauvreté reduit les hommes en la perſonne de ceux qui ſuivoient Jeſus-Chriſt : En ſecond lieu, les vains pretextes dont les riches immiſericordieux ſe ſervent pour ne pas faire l'aumône, en la perſonne des Apôtres qui accompagnoient ce divin Sauveur : Enfin nous nous inſtruirons, & nous nous édifierons, conſiderant en Jeſus-Chriſt un modele excellent de faire l'aumône.

PREMIERE CONSIDERATION.

La miſere des Pauvres.

Entre un nombre infini de miſeres que la pauvreté entraîne aprés elle, & qui reduiſent l'homme à tant de dures extrêmitez, celles que le texte ſacré rapporte ne ſont pas les moindres ; les voicy.

1°. Une vie errante & vagabonde, les pauvres n'ayant ni patrie, ni maiſon, ni domicile certain, ni heritages, ni parens : contraints de s'arrêter indifferemment par tout où ils ſe trouvent : leurs retraites les plus commodes, ne ſont-ce pas des étables obſcures & puantes où l'on reſſerre les plus vils animaux ? pour tout lit, ont-ils autre choſe que de la paille, & ſouvent ne couchent-ils pas dehors, expoſez à mille fâcheux accidens? tres-peu de riches craignant ce reproche du Sauveur: J'étois pelerin, & vous m'avez refusé le couvert, *Hospes eram, & non collegistis me:* & ne faisant point profit de cet avis salutaire: rompez vôtre pain avec le femelique, & retirez sous vôtre toit l'indigent & le vagabond, *frange esurienti panem tuum, & egenos vagosque induc in domum tuam:* tels étoient plusieurs de ceux qui suivoient aujourd'huy Nôtre Seigneur, *quidam de longe venerunt.*

2°. Un pelerinage perpetuel, courant sans cesse à pied de côté & d'autre, & souvent nuds pieds, rejettez des voitures publiques, & des batteaux mêmes, sans linge & sans habits à changer, incertains où ils pourront s'arrêter, exclus des hôtelleries, & contraints de ne demeurer jamais en même lieu, pas même dans leurs maladies, le nombre des charitables Samaritains étant rare: c'est l'idée qu'en donne nôtre Evangile, *& pedestres de civitatibus concurrunt:* & ce qu'observe S. Jerôme, *turbæ secutæ sunt pedestres, non in jumentis, non in diversis vehiculis, sed proprio labore pedum.*

3°. Une extrême lassitude en tout le corps, & un épuisement general de forces, se trouvant sans vigueur & sans courage, tout harassez & fatiguez d'inanition & d'abatement, privez de tout ce qui peut les conforter, & ordinairement reduits à n'en pouvoir plus, accablez sans cesse de reproches, qu'ils sont des faineans, & qu'ils ne veulent pas travailler & gagner leur vie: c'est ce que represente nôtre Evangile par ces paroles: *Si dimisero eos jejunos, deficient in via, erant enim jacentes sicut oves non habentes pastorem.* Au reste, le Sauveur quittant les villes de Judée, & ſe refugiant dans les deſerts, où les Peuples le ſuivent en foule, où il les inſtruit, les guerit, & les nourrit; que repreſente-t-il par-là, ſinon l'abandon qu'il faiſoit du peulpe Juif, qui ſeul juſques alors avoit gardé un culte fidele, & ſa retraite dans les ſolitudes du Peuple Gentil, dénué de toute vraye Religion, qui devoit ſe convertir à Dieu : telle eſt l'obſervation de S. Jerôme : *Poſtquam Dominus venit in deſertum, ſecutæ ſunt eum turbæ plurimæ : nam antequam veniret in ſolitudinem gentium, ab uno tantùm populo colebatur.* Mais voici une autre miſere qu'il faut conſiderer dans les pauvres.

C'eſt, 4°. une nudité honteuſe & humiliante, n'étant couverts que de vieux haillons tous rompus & déchirez, qui ne le deffendent, ni du froid, ni du chaud, ni de la playe, ni de toutes les rigueurs des ſaiſons, & qui les expoſent à mille autres ſemblables incommoditez qu'apporte le défaut de vêtemens : tres-peu de gens caignans cette menace du Sauveur, J'étois nud & vous ne m'avez pas vêtu, *nudus eram & non veſtiſtis me.*

5°. Une faim & une ſoif preſque continuelle, n'ayant ſouvent rien à manger, & ne vivans que de miſerables reſtes qu leur ſont communs la plûpart du temps avec les animaux, quelquefois même ſe trouvant reduits à n'avoir pas du pain, & à ſe coucher ſans avoir ni bû ni mangé de tout le jour : extremité terrible dont les riches pitoyables ne veulent point ſe perſuader, pour joüir ſans remords & ſans inquietude, de leur abondance : c'eſt ce que nous apprend l'Evangile d'aujourd'huy, *cùm turba multa esset cum Jesu, nec haberent quod manducarent, &c. quia triduo sustinent me.* Heureux celuy à qui le Sauveur dira, J'étois nud & vous m'avez revêtu, j'ai eu faim & j'ai eu soif, & vous m'avez rassasié & desalteré.

6°. Des maladies fâcheuses & frequentes que la pauvreté attire ordinairement aprés elle, ou qu'elle entretient, & que les pauvres souffrent plus que les autres, manquant de Medecins, de remedes, de lits, de feu, d'alimens convenables, & des services les plus necessaires: tourmentez de differens maux tres-douloureux, & ne sçachant à qui avoir recours, n'étant visitez ni plaints de personnes, nul ne faisant attention à cette parole du Sauveur: J'étois malade, & vous ne m'avez pas visité: *& accesserunt ad eum turbæ multæ, habentes secum mutos, cæcos, claudos, debiles, & alios multos, & projecerunt ad pedes ejus.*

7°. Une tristesse & une desolation extrême de se voir ainsi délaissez & abandonnez de presque tout le monde qui les évite avec soin: comme si la pauvreté les excluoit du nombre des humains: ce que l'Evangile nous exprime par ces deux mots, *Erant enim vexati;* car quel est celui qui prend soin d'eux, qui se charge de leurs affaires, qui veüille être leur avocat, qui défende leur cause, qui plaide pour eux, qui les encourage, qui les fortifie, qui les visite, qui leur parle, qui les console, qui les écoute patiemment? Quel est celui qui panse leurs playes, qui souffre leurs mauvaises odeurs, qui ne se rebute pas de leur figure dégoutante, qui les assiste à la mort, qui leur ferme les yeux, qui prenne ſoin de leur enterrement, & de faire prier pour eux ?

Quel eſt le Prêtre ou le Levite qui les inſtruiſe des veritez de la Foy, & des moyens de faire un bon uſage de leur triſte état, qui reçoive volontiers leurs confeſſions, qui les exhorte à la patience, qui compatiſſe à leurs maux, qui comme le Prêtre & le Levite ancien, ne paſſe pas prés d'eux ſans daigner les ſecourir ? En effet, Jeſus-Chriſt, entre les preuves miraculeuſes qu'il donnoit de ſa miſſion, dit que les aveugles voyoient, que les ſourds entendoient, que les morts reſſuſcitoient, & ce qui eſt une tres-rare merveille, que les pauvres étoient évangeliſez, *pauperes evangelizantur* : nous ſommes donc tous coupables, Prêtres & Peuples, qu'aucun ne s'excuſe, qu'on ne diſe point, je fais quelque aumône : Car, helas ! nous faiſons la charité, & nous n'avons pas de charité : nous donnons peut-être quelque argent, & nous refuſons de la compaſſion : ne diſons point, je n'ai rien à donner aux pauvres, à peine ai-je de quoi ſubſiſter : car nous avons des yeux pour voir leurs miſeres, des oreilles pour entendre leurs cris, une langue pour les conſoler & pour parler pour eux, des pieds pour aller les viſiter, ou pour ſolliciter en leur faveur : des mains pour les ſervir, & pour faire leurs lits ſi nous n'avons pas de quoy leur en acheter : outre que nous ſommes immiſericordieux, nous ſommes irreligieux, ne conſiderant point par les yeux de la Foy, Jeſus-Chriſt ſouffrant dans les pauvres, n'étant point convaincus de nos obligations là-deſſus, ni frappez des recompenſes ou des châtimens dont parle l'Ecriture.

En effet, quel eſt celuy qui fortifie, & qui conſole le pauvre, en luy perſuadant que s'il ſouffre patiemment ſa miſere, il aura pour cette vie errante & vagabonde qu'il mene, un ſejour heureux & ſtable dans la Jeruſalem celeſte? pour tant de pelerinages & d'excurſions, une ſtabilité permanente & invariable? pour cette laſſitude paſſagere, un repos éternel? pour cette nudité, une robe de gloire, une couronne immortelle? pour cette faim & cette ſoif qu'il endure, un aliment divin, un torrent de voluptez? pour cet abandon general, une poſſeſſion parfaite du ſouverain bien? car telles ſont les promeſſes inébranlables faites aux pauvres malheureux, mais vertueux.

Qui eſt donc celui qui encourage les bons pauvres par ces puiſſantes conſiderations, qui leur faſſe voir que leur état eſt plus ſaint, leur vie plus innocente, leur mort plus tranquille, leur jugement plus doux, leur recompenſe plus grande? & n'eſt-il pas vrai que faute de ces ſecours ſpirituels qu'on devroit leur donner, ils languiſſent dans leur ignorance, & ne profitent point de leurs croix? ſemblables à ceux de l'Évangile d'aujourd'huy, qu'on voyoit répandus ſur la terre, & abandonnez comme des brebis ſans paſteur, *erant enim vexati & ſicut oves non habentes paſtorem.*

SECONDE CONSIDERATION.

Mais malgré tant de motifs qui devroient nous inſpirer de la compaſſion envers les pauvres, voyons les vaines excuſes dont ſe ſervent les perſonnes qui n'ont point de charité, afin de ſe diſpenſer d'une obligation que la Nature & l'Evangile nous impoſent également, & que nous voyons dans les paroles, dont les Apôtres ſe ſervent aujourd'huy, *& acceſſerunt ad eum diſcipuli ejus dicentes.*

1°. *Dimitte illos,* lui dirent-ils : renvoyez ces pauvres. En effet, l'importunité des pauvres, dont la vûë, les cris, l'odeur, les maladies, cauſent tant de dégoût, ne font-ils pas dire tous les jours aux gens du monde, renvoyez ces mandians, faites-leur fermer vôtre porte, que voulez-vous faire d'une troupe de gens ſi deſagreables, & ſi onereux à vôtre famille, à vos Domeſtiques, à vos amis, à vos enfans, & à vous-mêmes? ils ne vous portent que de mauvais air, ceſſez d'aller les viſiter ſi ſouvent, d'entrer dans leurs chaumines ſales & infectes, d'être parmi des malades, des ulcerez, des moribons : pourquoy leur parler de ſi prés & ſi long-temps? laiſſez ce ſoin à d'autres, ne prodiguez pas ainſi vôtre ſanté, n'entreprenez pas au deſſus de vos forces, que le Seigneur les aſſiſte, ils ſe paſſeront bien de vous, *dimitte illos.*

2°. *Deſertus eſt locus*, voicy une ſeconde excuſe : ce lieu eſt dépourvû de tout : on exagere la ſterilité de la terre, on dit qu'on n'a preſque pas recüeilli de fruits, que les denrées ſont cheres, que les temps ſont mauvais, qu'il ne faut pas s'épuiſer & s'ppauvir ſoy-même, ni devenir pauvre comme ceux qui demandent : ſi c'eſt une année de chereté, on dit que l'on n'a pas de quoy donner : ſi c'eſt une année abondante, on dit que les pauvres ne ſouffrent pas : toûjours des pretextes pour ne pas donner, *in deſerto loco ſumus*, le pays eſt dénué de tout, on n'a rien recüeilly cette année.

3°. *Hora præteriit*, diſoient les Apôtres : & en effet, le jour commençoit à baiſſer, *dies cœperat declinare*; on n'a pas le temps, dit-on, de vacquer à toutes ces œuvres de charité, de viſiter les Hôpitaux, & les Priſons, on eſt accablé d'affaires & d'emplois publics & domeſtiques qui emportent tout le temps : la nuit s'approche, diſoient les Apôtres à Nôtre Seigneur, congediez les pauvres, l'heure eſt paſſée, qu'ils ſe retirent dans les villages voiſins, *eant in caſtella, & villas proximas, & vicos, emantque cibos quos manducent* : tels furent les diſcours des Apôtres au Fils de Dieu, ſans conſiderer que ſi tout le monde en uſoit ainſi, les pauvres periroient ſans reſſource : mais voicy le Seigneur qui peut-eſtre les amolira : il n'eſt pas neceſſaire, leur répondit-il, de renvoyer ainſi ces pauvres gens, donnez leur vous-même à manger, *non habent neceſſe ire, date illis vos manducare* : à ce diſcours les Diſciples oppoſent de nouvelles difficultez, l'impoſſibilité de ſubvenir à tant de miſerables.

4°. *Unde illos hîc poterit quis ſaturare panibus*, où trouver tant de pains pour raſſaſier une ſi grande multitude? *unde ergo nobis panes tantos ut ſaturemus tantam turbam?* il faudroit des ſommes immenſes, diſoient-ils, pour leur donner un repas fort modique, *ducentorum denariorum panes non ſufficiunt eis.* Ils propoſoient d'aller dans les lieux circonvoiſins acheter des proviſions pour ce grand Peuple : *niſi fortè eamus, & emamus in omnem hanc turbam eſcam.* Ils ne comprenoient pas encore, dit ſaint Ambroiſe, que le pain dont le nouveau Peuple devoit

être

être repû & nourri, tel que le lait de la doctrine évangelique, le pain ſubſtantiel de la Priere, l'agneau du Sacrifice myſtique, l'huile de la remiſſion des pechez, la manne des graces & des conſolations interieures, & qu'ils luy diſtribuëroient un jour, ne s'achetoit point à prix d'argent, *nondum intellexerant Apoſtoli cibum populi credentis non eſſe venalem : noverat Chriſtus, noverat ipſe nos potiùs eſſe redimendos, ſuas verò epulas gratuitas :* ils alleguoient que le lieu étoit deſert, qu'on n'y trouvoit rien à manger, & ils ne faiſoient pas attention, dit S. Chryſoſtome, qu'ils avoient avec eux celuy qui nourrit toût le Genre humain : *nam ſi deſertus eſt locus, ſed adeſt qui univerſos paſcit.* Ils ajoûtoient que l'heure étoit paſſée de faire l'aumône, & ils ne ſongeoient pas, continuë le même Saint, qu'ils avoient avec eux le Roy des ſiecles, qui n'eſt ſujet à aucun temps : *nam ſi temporis hora præteriit, ſed adeſt qui tempori non ſubjacet.* Ils concluoient qu'il falloit congedier ces Peuples, afin qu'ils allaſſent chercher du pain dans les lieux d'alentour, ne faiſant pas reflexion, dit S. Jerôme, qu'ils avoient avec eux le pain celeſte qui donne la vie au monde : *non habent neceſſe ire, & diverſos cibos quærere, & emere ſibi ignotos panes, cùm ſecum habeant panem cœleſtem.* Et c'eſt où Jeſus-Chriſt vouloit élever leur foy.

Telles étoient les raiſons des Apôtres : nul d'entr'eux voyant que les moyens humains leur manquoient, n'a recours à la Providence; nul ne leve les yeux au Ciel; nul ne ſonge à la puiſſance ſouveraine de leur divin Maître, à tant de miracles qu'ils luy

avoient vû faire, à ce grand nombre d'aveugles, de sourds, de muets qu'il venoit de guerir devant eux il n'y avoit qu'un moment : ils ne pensoient pas à tant de merveilles qu'eux-mêmes avoient operées dans la mission d'où ils revenoient : leur foy parut éteinte, ils ne virent par tout aucun moyen de subvenir à tout ce grand Peuple : *& quamvis præveniens Christus ut incredulitati Apostolorum obviaret, multos curaverit ægrotos*, ajoûte S. Chrysostome, *ut de panibus cogitare potuissent, nondum commoniti emendantur, aut ad altiora eriguntur, quoniam adhuc imperfectiores : humi jacebant.* Image déplorable de la défiance humaine, qui compte peu sur le secours d'enhaut, & qui n'espere que dans les ressources de la terre. Qui n'admirera icy dans les Disciples de Jesus-Christ, cet esprit d'humilité qu'ils avoient sans doute puisé dans l'école de leur Maître ? les Evangelistes nous les representent comme des hommes de peu de foy, ayant des yeux & ne voyant pas, des oreilles, & n'entendant pas, un esprit qui ne penétroit pas, un cœur qui ne s'élevoit pas, *quid cogitatis intra vos modicæ fidei ? nondum cognoscitis nec intelligitis ? adhuc cæcatum cor vestrum ? oculos habentes non videtis, & aures habentes non auditis ?* tels étoient les reproches que leur faisoit le Fils de Dieu, qu'aprés tant de merveilles operées devant eux, par eux, entre leurs mains, tant de prédictions claires & distinctes, ils n'y comprenoient encore rien : *& ipsi horum nihil intellexerunt, & erat verbum istud absconditum ab eis : & non intelligebant quæ dicebantur :* mais de qui avons-nous appris des circonstances si humiliantes pour les Apôtres ? chose admirable ! ce sont des Apôtres mêmes de qui nous les tenons, dit S. Chryſoſtome: ce ſont eux-mêmes qui les ont écrites d'eux-mêmes: ils n'ont point crû devoir diſſimuler leurs fautes, quoique grandes, *hæc enim ipſi ſcripſerunt, & tamen culpam ſuam, quamvis non parvam, occultare noluerunt.* Voilà ce qu'ils étoient auparavant la reception du S. Eſprit, auparavant qu'ils euſſent été changez en d'autres hommes. Quelle petiteſſe & quelle foibleſſe pour lors à s'élever à la verité! quelle grandeur, & quelle force enſuite à confeſſer leur infirmité! quel zele ardent pour la ſincerité! *vidiſti diſcipulorum imperfectionem, vide nunc quàm ſublimi poſtea fuerint philoſophia, quantam curam veritatis habuerunt*, dit S. Chryſoſtome.

C'eſt encore ainſi que S. Pierre, le premier des Apôtres, nous a donné deux exemples excellens de cette vertu: car, au témoignage des plus anciens Peres de l'Egliſe, ayant dicté, ou du moins lû & autoriſé l'Evangile de S. Marc à Rome, il ne voulut pas ſupprimer ſon reniment & ſon parjure, qu'on y voit même plus au long décrit, que ne le ſont ſes avantages & ſes prérogatives, rapportez moins ſuccintement dans les autres Evangeliſtes. En ſecond lieu, ayant donné des loüanges aux Epîtres de S. Paul, comme pleines d'une ſageſſe divine, quoique cependant on y lût la reprehenſion publique que S. Paul avoit fait à ce premier des Apôtres, & par ſa dignité & par ſon humilité.

Mais voicy le Seigneur qui va peut-être réveiller la foy chancelante des Diſciples d'aujourd'huy: Combien avez-vous de pains, leur dit-il? allez, & voyez: *Quot panes habetis? ite & videte:* & s'adreſſant à S. Philippe, il ajoûta : Où croyez-vous que nous trouverons à acheter assez de pain pour nourir tant de personnes ? *Unde ememus panes ut manducent hi ?* Or, il disoit ces choses pour leur ouvrir l'esprit, & pour tirer d'eux quelque réponse qui donnât lieu de les instruire : *Hoc autem dicebat tentans eum.* Mais pourquoy le Sauveur choisit-il Philippe entre ses Apôtres pour luy faire cette question ? C'est peut-être, répond S. Chrysostome, que la foy de ce Disciple, d'ailleurs plein de candeur, & de simplicité, étoit plus foible en cette occasion, que celle des autres, & que le Seigneur vouloit affermir en luy cette vertu : car, au reste, il fut le premier que Jesus-Christ appella à l'Apostolat, & auquel il dit, suivez-moy, *invenit Philippum Jesus, & dixit ei, sequere me*, & qui même en fit le premier les fonctions : nous avons trouvé, dit-il à Nathanaël, celuy que Moyse a écrit dans la Loy, & que les Prophetes ont prédit, *quem scripsit Moïses in lege, & Prophetæ, invenimus Jesum.* De plus, ce fut luy auquel le jour des Rameaux les Gentils s'adresserent pour leur donner accés auprés du Sauveur : *volumus Jesum videre.* Que si *les cinq* pains d'aujourd'huy, & *les deux poissons*, figuroient les *cinq Livres* de la Loy de Moyse, & tout ensemble, les *promesses* & les *figures* prophetiques dont l'ancien peuple se nourrissoit, ainsi que les Saints l'enseignent, & qu'on l'explique ailleurs : Saint Philippe n'avoit-il pas raison de dire, qu'une quantité, quelque grande qu'elle fût, de cet aliment ancien, ne suffiroit pas pour nourrir le peuple infini de la gentilité, *respondit Philippus, du-*

centorum denariorum panes non ſufficiunt eis? Voicy comme S. Auguſtin interprete cette doctrine. *Per quinque panes intelliguntur quinque libri Moyſis: meritò hordeacei panes, quia ad vetus teſtamentum pertinent, utpote plurimo tegmine veſtiti.* Le reſte eſt reſervé pour un autre endroit.

Enfin S. André, Diſciple de la Loy & des Prophetes en la perſonne de S. Jean-Baptiſte ſon maître, prenant la parole, & diſant au Sauveur, il y a là un jeune enfant qui porte cinq pains d'orges & deux poiſſons; mais qu'eſt-ce que cela pour une ſi grande multitude? ne confirme-t-il pas obſcurement cette doctrine? car que ſignifient ces cinq pains faits d'un grain que la nature produit le premier, qu'elle renferme ſous pluſieurs envelopes, & qui ſemble plus convenable à la nourriture des animaux qu'à celle de l'homme, ſinon la Loy envelopée ſous pluſieurs promeſſes & figures, premierement donnée au peuple ancien, groſſier & charnel, mais qui ne pouvoient ſuffire au peuple nouveau & ſpirituel qui devoit venir aprés le Juif, & porter, non comme un enfant, des myſteres qu'il n'entendroit pas, mais en homme parfait, un pain de pur froment qui devoit être rompu ou manifeſté par le Docteur des Nations, & diſtribué par les Apôtres aux Fideles. *Dicit ei Andreas, eſt puer hîc qui habet quinque panes hordeaceos, & duos piſces, ſed hęc quid inter tantos?* Alimens inſuffiſans au nouveau peuple repreſenté par celuy qui ſuivoit Jeſus-Chriſt dans le deſert: auſſi l'Evangeliſte ajoûte-t-il que la Fête de Pâque, où l'on devoit manger un nouvel aliment, étoit proche, *erat autem proximum Paſcha.*

Mais pour revenir à nôtre morale : Tel eſt le langage des Chrêtiens qui n'ont point de charité : à peine avons-nous de quoy ſoûtenir nôtre famille, diſent-ils : il faut doter une fille, établir un fils ; nous ne ſçaurions pourvoir à tant de beſoins : on ne ſçait ce que c'eſt que de compter ſur les promeſſes de Jeſus-Chriſt, ſur les maximes de l'Evangile, donnez & vous recevrez : *Menſuram bonam, & refertam, & coagitatam, & ſupereffluentem dabunt in ſinum veſtrum.* N'allez plus dire que l'année ne vous a pas rapporté de fruits, car par cette raiſon vous ne donneriez jamais, puiſque la terre eſt toûjours ſterile à un Chrêtien. Ecoutons là-deſſus les ſalutaires avis du ſaint homme Tobie à ſon fils : Faites l'aumône, luy diſoit-il, mon cher enfant, de vôtre bien, & ne détournez vôtre viſage d'aucun pauvre : car de cette ſorte le Seigneur ne détournera point non plus ſon viſage de deſſus vous : ſoyez charitable en la maniere que vous le pourrez : ſi vous avez beaucoup de bien, donnez beaucoup ; ſi vous en avez peu, ayez ſoin de donner de ce peu même de bon cœur : car vous vous amaſſerez ainſi un grand treſor & une grande recompenſe pour le jour de la neceſſité : parce que l'aumône délivre de tout peché, & de la mort, & qu'elle ne laiſſera point tomber l'ame dans les tenebres : l'aumône ſera le ſujet d'une grande confiance devant le Dieu ſuprême pour tous ceux qui l'auront faite : *Ex ſubſtantia tua fac eleemoſynam, & noli avertere faciem tuam ab ullo paupere : ita enim fiet ut nec à te avertatur facies Domini : quo modo potueris, ita eſto miſericors. Si multum tibi fuerit, abundanter tribue : ſi exiguum tibi fuerit, etiam exiguum libenter impertiri ſtude, premium enim bonum tibi theſaurizas in die neceſſitatis. Quoniam eleemoſyna ab omni peccato & à morte liberat, & non patietur animam ire in tenebras. Fiducia magna erit coram ſummo Deo, eleemoſyna, omnibus facientibus eam.*

6°. Enfin voicy une derniere raiſon de ne pas donner : nul de tous ces pauvres gens, bien differens de la Cananée, ne demande : aucun d'eux ne crie, & ne preſſe qu'on luy faſſe l'aumône, quoy que depuis trois jours ils euſſent tant ſouffert de faim & de ſoif, que tout épuiſez & fatiguez, ils fuſſent couchez & répandus ſur la terre, n'en pouvant preſque plus, & qu'il n'y en eût point qui ſe trouvât aſſez d'argent pour acheter ce peu de pains & de poiſſons, ou du moins pour en demander par charité : Ne voyons-nous pas la même choſe tous les jours ? aucun pauvre ne vous demande, dites-vous, point de mandians à ma porte, pas un d'eux ne crie aprés moi : je n'en ſuis pas ſurpris, ce n'eſt pas qu'il n'y ait un nombre infini de malheureux qui gemiſſent, accablez par l'indigence : mais c'eſt que vous les avez ſi ſouvent rebutez, & ſi impitoyablement congediez ; on les a ſi frequemment chaſſez de vôtre porte, que deſeſperez d'obtenir rien de vous, ils ont ceſſé de vous importuner, & qu'ils ne vous regardent plus que comme un autre mauvais riche, duquel ils ne ſe promettent aucun ſoulagement. En effet, dit S. Auguſtin, le vray miſericordieux, loin d'attendre qu'à force d'importunité on extorque quelque ſecours de luy, ne manque pas de prévenir la demande du pauvre, duquel, ſi la langue ſe tait, le viſage pâle crie & demande hautement, *perfecta eſt miſericordia, ut ante occurrat eſurienti cibus, quàm roget mendicus: non enim eſt perfecta miſericordia, quæ precibus extorquetur: ſed ſi tacet mendicus, loquitur pallor in facie, feſtinat pietas ſuccurrere, modicus eſt panis, & precibus vendis.*

Mais aprés avoir vû les mauvaiſes diſpoſitions des gens du monde envers les pauvres, dans la conduite des Apôtres, voyons à preſent un parfait modele de la charité envers les pauvres, dans la perſonne & dans l'exemple de Jeſus-Chriſt.

TROISIE'ME CONSIDERATION.

Excellent modele de faire l'aumône.

Saint Auguſtin a obſervé que Nôtre-Seigneur avoit refuſé de changer les pierres en pain pour ſubvenir à ſa propre neceſſité, mais qu'il avoit bien voulu changer l'eau en vin, & multiplier les pains & les poiſſons pour ſubvenir aux beſoins du prochain; ce qu'un ſaint Evêque d'autrefois a parfaitement imité, puiſque ne ſongeant point à la faim qui le tourmentoit luy-même, dit S. Jerôme, il ne ſongeoit qu'à appaiſer celle du famelique qui le reclamoit: *eſuriens paſcit alios*, & qu'il étoit le ſeul indigent de ſon Dioceſe, aux beſoins duquel il ne pourvoyoit pas: toûjours raſſaſié en luy-même, & toûjours affamé dans les autres, comme s'exprime un grand Saint.

Or voicy ce que nous remarquons dans l'Evangile au ſujet de l'aumône excellente que le Fils de Dieu fit aujourd'huy aujourd'huy dans le deſert à tous ces peuples qui le ſuivoient.

1°. Il va au devant d'eux, *& exiens vidit*, pour nous apprendre que l'homme peut bien par luy-même s'éloigner de Dieu, mais que de luy-même il ne ſçauroit ſe rapprocher de Dieu : il faut que le bon Paſteur aille chercher la brebis égarée, ſans quoy de ſon propre mouvement elle ne retourneroit jamais au bercail : nous pouvons nous bleſſer, mais nous ne ſçaurions nous guerir, nous pouvons nous ôter la vie, mais nous ne ſçaurions nous la rendre : c'eſt la remarque de S. Jerôme, *egreſſus autem Jeſus, ſignificat quòd turbæ habuerint quidem eundi voluntatem, ſed vires perveniendi non habuerint : ideo Salvator egreditur de loco, & pergit obviam.* Cecy nous apprend encore que la parfaite charité n'attend pas que le pauvre vienne le premier chercher du ſecours, mais que nous devons prévenir ſes beſoins, & l'aller chercher nous-mêmes les premiers. Office d'une charité prévenante, quand ſous la forme de Viatique Jeſus-Chriſt vient à nous à l'heure de la mort, & que nous n'avons pas la force d'aller nous-mêmes à luy.

2°. Il éleve ſes yeux ſur cette multitude de pauvres, accablez par la miſere & par la faim, *cùm ſublevaſſet ergo oculos Jeſus, & vidiſſet quia multitudo maxima venit ad eum, dixit ad Philippum : Unde ememus panes, ut manducent hi?* En effet, le premier mouvement de la vraye charité eſt d'arrêter la vûë ſur la miſere des pauvres, de regarder leur maigreur, leur pâleur, leurs playes, leurs ulceres, leur deſolation, d'entrer dans leurs miſerables logemens, d'y voir ce dénument de toutes les commoditez de la vie, ſans lits, ſans meubles, ſans feu, ſans proviſion aucune, un vuide affreux de toutes choſes, une faim qui les devore: arrêtez, mon frere, dit le Pſalmiſte, vos yeux là-deſſus, ou plûtôt élevez vos regards au-deſſus de ce que vous voyez, *intellige ſuper egenum & pauperem:* conſiderez des yeux de la foy, Jeſus-Chriſt caché dans le pauvre: car l'affliction que l'œil ne voit point, ne touche gueres le cœur de celuy qui ne fait que l'entendre, *quod oculus non videt cor non dolet.* Regardez donc le pauvre, *cùm ſublevaſſet ergo oculos Jeſus*, élevez vos yeux en haut, & vous verrez dans le pauvre quelque choſe au-deſſus du pauvre: le pauvre étend la main, &, ô merveille de la foy! Jeſus-Chriſt reçoit: *in paupere abſconditur Chriſtus, manum extendit pauper, & Chriſtus accipit.* Et levant vos yeux ſur le pauvre, vous vous ſentirez indubitablement preſſé de le ſecourir, & de dire avec le Sauveur, *unde ememus panes ut manducent hi?* & vous imiterez Dieu qui regarda ſon peuple affligé lorſqu'il voulut le ſecourir, *vidi afflictionem populi mei.*

3°. Il en a compaſſion, *& exiens vidit turbam multam Jeſus, & miſertus eſt ſuper eos*, ce qui fit que raſſemblant ſes Diſciples, il leur dit: Je ſuis touché de compaſſion, ce pauvre peuple m'attendrit, il n'a rien pour ſoulager la faim qu'il ſouffre: il eſt tard, & il y a à craindre qu'ils ne tombent en défaillance. *Et convocatis diſcipulis ait illis: miſereor ſuper turbam, quia ecce jam triduo ſuſtinent me, nec habent quod manducent, dimittere eos jejunos nolo, ne deficiant in via:* & en effet, la fin du jour approchoit : ce qui nous apprend à nous munir de ce pain des forts quand le declin du jour de nôtre vie eſt arrivé, & que nous ſommes à l'heure de nos Vêpres : *periclitatur ergo qui ſine cœleſti pane ad optatam manſionem pervenire feſtinat*, dit S. Jerôme : entrez dans ces ſentimens de pitié ſur le pauvre : affligez-vous avec luy, compatiſſez à ſes maux, rendez-vous miſerable avec luy, pour s'exprimer avec S. Auguſtin : Soyez penétré de ſon affliction, & cette commiſeration le ſoulagera plus que tous les autres ſecours que vous pourriez luy donner, parce que ce ſera vous donner vous-même, & imiter Jeſus-Chriſt, *miſertus eſt ſuper eos.* Soyez au pauvre dans ſon beſoin, & ſur tout à ſa mort, ce que vous voudriez que Jeſus-Chriſt vous fût alors.

4°. Il leur donne un libre accés auprés de luy, *& excepit eos*, il leur parle avec bonté, *& loquebatur illis :* rendez-vous, mon frere, affable aux pauvres, & acceſſible aux plus miſerables : écoûtez leurs plaintes avec benignité ; ne dédaignez pas de vous entretenir avec eux, d'entrer dans leurs beſoins, & dans leurs interêts ; ne les éloignez jamais de vous, & ne leur ſoyez point inabordable, ni ſourd, ni muet ; évitez ces airs de hauteur, de dédain avec lequel on les traite ordinairement, *excepit eos & loquebatur illis.*

5°. Il prend une ferme reſolution de les ſoulager, *dimittere eos jejunos nolo, ne deficiant in via, quidam enim de his de longe venerunt, quot panes habetis date illis manducare :* revêtez-vous de cette fermeté, ô Chrêtien charitable ! reſolvez-vous à quelque prix que ce ſoit, de ſecourir le pauvre en la façon que vous en ſerez capable ; une semblable détermination de le soulager, quoy qu'il en coûte, luy sera toûjours utile d'une façon ou d'autre; la charité ne manque jamais de fonds, *charitas non de sacello erogatur*, dit S. Augustin, elle se tire, non de la bourse, mais du cœur; on est toûjours riche quand on est charitable, *habet semper unde det, cui plenum est pectus charitate*, continuë le même Pere.

6°. Il exerce envers eux les trois especes d'aumône, mais d'une maniere si liberale & si gratuite, que prenant tout sur luy, & de luy, il n'exigea pas qu'ils y apportassent rien du leur, pas même qu'ils produisissent un acte de foy; ce qu'il avoit accoûtumé de faire de ceux particulierement qui n'estoient pas pauvres, ainsi que nous voyons en plusieurs endroits de l'Evangile, comme à l'égard du Prince de la Synagogue, *crede tantùm & salva erit: idcirco hujus curationis causam, intensam quandam misericordiam fuisse asserit: curavit enim omnes, nec fidem ut solitus fuit, eorum petiit:* & en effet, leur assiduité à suivre Jesus-Christ, montroit assez leur foy aussi bien que le silence de Jesus-Christ, à n'en pas exiger un acte exterieur. Il leur fit donc ces trois especes d'aumônes. Premierement il leur fit l'aumône *spirituelle*, les instruisant au long des mysteres de la Religion, & leur apprenant le moyen de posseder le Royaume de Dieu, *& excepit eos & cœpit illos docere multa de regno Dei:* enseignez le catechisme aux pauvres, que souvent ils ignorent, portez-les à la vertu, apprenez-leur à souffrir patiemment leurs miseres, à recourir à Dieu dans la Priere, à se soumettre à sa volonté, à faire un bon usage de leurs maux. En ſecond lieu, il leur fit l'aumône *corporelle*, les gueriſſant de leurs maladies & de leurs infirmitez, comme une diſpoſition à la nourriture corporelle qu'il alloit leur donner, figure de la ſanté ſpirituelle qu'on doit apporter à la ſainte Table, *prius auferat debilitates, ut poſtea ſanis offerat cibos*, dit S. Jerôme, *& acceſſerunt ad eum turbæ multæ habentes ſecum mutos, cæcos, claudos, debiles, & alios multos, & projecerunt eos ad pedes ejus, & curavit eos, & curavit languidos eorum, & eos qui curâ indigebant ſanabat :* on n'exige pas de vous des gueriſons miraculeuſes, que vous rendiez la vûë aux aveugles, l'oüie aux ſourds, la ſanté aux malades : mais on attend de vôtre zele que vous répandiez le vin & l'huile dans leurs playes, que vous faſſiez leur lit, que vous ordonniez de leurs medicamens, que vous les recommandiez aux Medecins, que vous impoſiez vos mains charitables ſur eux par vos bienfaits, ou par vos ſervices : tels ſont les miracles de charité que l'on deſire de vous, & que le Sauveur promet, ſans préjudice des gueriſons ſurnaturelles, ne devoir jamais ceſſer dans ſon Egliſe par le miniſtere de ſes charitables Diſciples, *ſuper ægros manus imponent & bene habebunt.*

Troiſiémement, enfin il leur fit l'aumône *temporelle*, mais d'une maniere qui ſurprit extrêmement ſes Apôtres : car aprés les avoir comme par degrez, & peu à peu élevez à la foy, il leur ordonna tout d'un coup de faire aſſeoir ſur l'herbe qui étoit abondante en ce lieu, tout ce grand peuple, comme ſi la table eût été déja ſervie, & que le ſouper fût prêt, dit S. Chryſoſtome, quoique cependant il ne parût encore rien, exerçant ainsi la foy de tous les assistans : *nondum visis panibus, tamquam paratis epulis, præcepit illos statim discumbere, ut hinc discipulorum animos excitaret :* Les Disciples ne luy dirent point, Seigneur, nous sommes soumis à vos ordres : mais oserions nous vous demander, qu'est-ce que cela signifie ? comment l'entendez-vous ? faire asseoir un si grand nombre de gens comme pour leur donner à manger, & n'avoir rien à mettre devant eux? *quid hoc est, quid jubes discumbere ? nihil est paratum :* ce sont les paroles de ce grand Saint : ils n'opposerent rien à cet ordre, *at illi continuo paraverunt, neque perturbati sunt*, ce commandement ne les troubla point, ils commençoient à croire, *sublimiores paulatim fiebant*, dit S. Chrysostome, & Jesus-Christ voulut que leur foy precedât le miracle, *ante miraculum credere cœperunt*, & ceux qui peu auparavant abbatus par la défiance, ne sçavoient où prendre du pain pour rassasier un si grand peuple, le font à present asseoir avec assurance, quoy qu'ils ne vissent rien, & comme s'ils avoient une infinie quantité de mets, & d'alimens à leur donner : *& qui paulò ante adeo diffidebant, & ut unde emerent panes nescirent, jam fidenter discumbere turbam faciunt.*

Les Apôtres ayant donc fait asseoir toute cette multitude par familles, Jesus-Christ prit ces cinq pains & les deux poissons, il leva les yeux au Ciel, pour exciter la foy de ses Apôtres, dit S. Chrysostome, *ut fidem discipulorum excitaret*, & pour leur apprendre à avoir recours à la providence, & au secours d'enhaut, quand les ressources humaines manquent : ensuite ayant rendu graces, il les benit, il les rompit & les donna à ſes Apôtres pour les diſtribuer à ces pauvres gens, qui tous mangerent & furent raſſaſiez : car tel eſt le pain de Jeſus-Chriſt : ſeul il nous raſſaſie, ſeul il remplit le vuide de nos deſirs, dit S. Ambroiſe, ſeul il nous preſerve pour toûjours de la faim : *manducans populus ſatiatur, & in ſatietate repulſæ in perpetuum famis indicium eſt : quia non eſuriet qui acceperit cibum Chriſti :* Voicy les paroles de l'Evangile : *Et præcipit illis ut accumbere facerent omnes ſecundum contubernia ſuper viride fœnum, & accipiens panes gratias agens fregit, & piſciculos benedixit & juſſit apponi, & manducaverunt omnes, & ſaturati ſunt & impleti ſunt :* tout eſt icy remply de myſtere, dit S. Jerôme, *omnia plena myſterii ſunt.* Le Seigneur abandonne la Judée, *recedit de Judæa*, il ſe retire dans un deſert, où les peuples le ſuivent en foule: la foy paſſe du peuple Juif au peuple Gentil, qui quitte ſes anciennes erreurs, *ſecutæ ſunt eum turbæ relinquentes civitates ſuas, hoc eſt priſtinas converſationes & veritates dogmatum.* Jeſus-Chriſt ſort au-devant de ce peuple, il a compaſſion de ſes miſeres, il guerit leurs maladies, il les nourrit, & il fait toutes ces merveilles, non le matin ou à midy, mais ſur le ſoir, c'eſt à dire, qu'il appelle les Gentils aux Vêpres du monde, & lorſque le Soleil de juſtice s'éclipſe ſur la Croix, *& hoc facit, non manè, non creſcente die, non meridie, ſed veſperè, quando ſol juſtitiæ occubuit.*

Il les fit aſſeoir ſur l'herbe & ſur la terre, ajoûte S. Jerôme, par cinquantaine, & par centaine; ce qui ſignifie que ce n'eſt qu'aprés avoir foulé aux pieds cette chair terreſtre, & toutes les voluptez du ſiecle floriſſant, & s'en être ſervy comme de litiere, qu'on parvient au nombre de cinquante, & de cent, ſymboles de l'entiere purgation de nos pechez & de la perfection : *Spiritualis interpretationis ſacramenta pandamus, diſcumbere jubentur ſupra fœnum: & ſecundùm alium Evangeliſtam, ſupra terram, per quinquagenos aut centenos : ut poſtquam calcaverint carnem ſuam, & omnes flores illius, & ſæculi voluptates quaſi arens fœnum ſibi ſubjecerint : tunc per quinquagenarii numeri pœnitentiam, ad perfectum centeſimi numeri culmen aſcendant.* Le Seigneur rompt en morceaux ces cinq pains & ces deux poiſſons, c'eſt à dire, la Loy & les Prophetes, comme on l'expliquera au ſixiéme Dimanche d'aprés la Pentecôte, & les myſteres prédits ſous les figures anciennes, ſont découverts & manifeſtez par le miniſtere de Jeſus-Chriſt & de ſes Apôtres, continuë S. Jerôme, *frangitur ergo Lex cum Prophetis, & in fruſta diſcerpitur, & ejus in medium myſteria proferuntur: ut quod integrum & permanens in ſtatu priſtino non alebat, diviſum in partes alat gentium multitudinem*, ou comme S. Auguſtin, *& aperiuntur, quę clauſa portabantur.*

C'eſt ainſi, comme nous enſeigne ce Saint, que ce qui paroît languiſſant & froid dans l'Ecriture, renferme un feu & un eſprit qui nous éclaire & nous embraſe, quand on le penétre bien, *in Evangelicis ſermonibus ſemper literę junctus eſt ſpiritus, & quidquid primo frigere videtur aſpectu, ſi tetigeris calet.*

Au reſte, comme le remarque S Chryſoſtome, ne penſez pas, mon frere, qu'à cauſe que Jeſus-Chriſt leve les yeux au Ciel avant de faire ce miracle, & qu'il rend graces à ſon Pere, que ce ſoit une marque d'impuiſſance d'impuiſſance ou d'inferiorité, ou de dépendance dans le Fils à l'égard du Pere, puiſque même nous voyons que le Fils a operé les plus grands prodiges avec une autorité ſouveraine, ſans qu'il ait obſervé cette ceremonie religieuſe : comme quand il a remis les pechez, qu'il a reſſuſcité les morts, qu'il a donné des yeux à l'aveugle-né, qu'il a commandé à la mer de calmer ſes flots? miracles que Dieu ſeul peut faire par ſa toute-puiſſance, & que Jeſus-Chriſt a fait neanmoins ſans qu'il ait invoqué, ni prié, *quę nullus niſi Deus facere poteſt, non oravit neque invocavit.* La Priere donc exterieure qu'il faiſoit quelquefois avant d'operer les moindres miracles, tels que celuy-cy, montre bien ſa miſſion de ſon Pere, ſon union & ſa relation à ſon principe, ſon reflux de reconnoiſſance & d'amour envers luy : mais les plus grands miracles qu'il faiſoit ſans qu'ils fuſſent accompagnez de prieres, montrent auſſi ſon autorité & ſon égalité de puiſſance avec ſon Pere : *Reſpexit in cœlum, & benedixit, ut crederetur non aliunde quàm à Patre miſſum fuiſſe : illi verò ęqualem eſſe, quoniam magna poteſtate omnia faciebat : demonſtrari à Patre autem ipſum eſſe, unde perſuaderetur, niſi quęcunque faciebat, in ipſum ita retuliſſet, ut etiam eum ad pręclara facinora invocaret? Propterea non alterum ipſorum ſemper ſolùm factitavit, ſed ut utraque illa confirmaret, modò ſumma cum poteſtate imperii, modò invocans Patrem atque orans miracula peragit. Ac ne repugnantia quędam in ipſis eſſe videretur, in cœlum minora peracturus reſpicit, majora verò cum poteſtate à ſeipſo facit, ut videlicet tu diſcas, non quia non poſſet minora peragere, idcirco invocaſſe atque oraſſe, ſed ut Patri honorem redderet. Nam quando peccata dimisit, quando Paradisum aperuit, & latronem introduxit, quando legem veterem ut author ejus solvit, quando mortuos quasi à somno excitavit, mare frænavit, secreta cordium revelavit, oculos cœci hominis curavit, quæ nullus nisi Deus facere potest, non oravit neque invocavit, quando autem panes multiplicavit, quod multò minus erat, tunc in cœlum respexit.*

Mais rien ne peut nous édifier davantage, ni nous mieux instruire des vertus & des dispositions dont nous devons être revêtus lors que nous voulons faire l'aumône, qu'en considerant les unes & les autres dans Jesus-Christ nôtre divin modele, faisant aujourd'huy cette celebre & magnifique aumône, ou, pour parler avec S. Luc, cette multitude nombreuse de festins, *facite illos discumbere per convivia.* Examinons-en toutes les circonstances, & qu'aucune particule de ce pain mysterieux n'échape à nôtre religieuse attention : Considerons,

1°. Sa pieté ; il jetta les yeux sur la misere des pauvres ; il les éleva à son Pere pour attirer sur eux sa misericorde ; il luy rendit graces, & il benit le pain : Apprenez quand vous faites l'aumône, à n'avoir en vûë que Dieu & la charité du prochain : remerciez le Seigneur de ce qu'il vous donne, non tant des richesses, qu'une bonne volonté pour les dispenser aux indigens, & faites que cette œuvre soit benite de Dieu par vos bonnes dispositions, *respexit in cœlum, gratias egit, benedixit.*

2°. Sa prudence, examinant ce qu'on avoit à donner : *Quot panes habetis, ite & videte* : déliberant des moyens de ſoulager ce pauvre peuple : *Unde ememus panes ut manducent hi*, ſondant la penſée de ceux qu'il conſultoit, *hoc autem dicebat tentans eum*, & ne declarant pas d'abord ſon deſſein : *ipſe enim ſciebat quid eſſet facturus* : enfin ne ſouffrant pas que les reſtes du feſtin fuſſent perdus, *colligite fragmenta ne pereant*. Ainſi dans vos aumônes ſoyez attentif à tout ; conſultez les perſonnes experimentées dans la pratique de cette bonne œuvre ; voyez le degré de la neceſſité des pauvres, quel eſt leur nombre, & juſqu'où peut aller le fonds de vôtre liberalité ; proportionnez vos facultez à leurs beſoins ; renfermez-vous dans les bornes d'une ſage œconomie ; donnez à celuy-cy de l'argent, à celuy-là des habits, à un autre du pain, ou des outils pour travailler, ou des medicamens pour ſe guerir, qu'aucune choſe ne ſe perde ni ne ſe diſſipe ; ne donnez rien mal à propos par une largeſſe inconſiderée ; reſervez pour une autre fois ce qui vous reſtera, & que tout ce que vous faites ſoit bien entendu ; ſur tout diſtinguez le bon pauvre du mauvais, & le vray beſoin du beſoin apparent, *intellige ſuper egenum & pauperem*.

3°. Sa ſageſſe & ſa prévoyance, ayant ſi bien prévû, ordonné & prémedité toutes choſes, qu'il n'y eut aucune confuſion dans cette multitude infinie d'hommes, de femmes, d'enfans, quoy que preſſez par la faim, les faiſant aſſeoir ſuivant leurs familles & connoiſſances, cinquante à cinquante, centaine à centaine, en ſorte qu'en tres-peu de temps chacun rangé par ordre, fut ſervy à propos, ſans trouble ni confuſion, & les reſtes ramaſſez ſans embarras : *Et fregit panes & distribuit discipulis suis ut ponerent ante turbas, discipuli autem turbis, & divisit omnibus quantum volebant.* Imitez dans vos distributions ce bel ordre : Préméditez ce que vous avez à donner, comment vous le dispenserez, combien de pauvres vous soulagerez, de qui vous vous servirez, qu'il n'y ait rien de dérangé, ni de desordonné, qu'il n'y ait aucun embarras : *quæ à Deo sunt, ordinatæ sunt.*

4°. Sa justice, tout fut équitablement distribué & partagé ; chacun fut secouru à proportion de son besoin : nul ne se plaignit, nul ne fut importun, nul ne fut negligé, nul ne porta d'envie à son prochain : *comederunt enim quantum volebant :* aucun ne s'en alla qui ne fût parfaitement rassasié : *manducaverunt omnes & saturati sunt :* tous furent contens, & tous se retirerent en paix, point de murmure ni de plainte parmi eux : qu'on ne remarque aucune preference indiscrete dans vos aumônes, aucune prédilection affectée, aucune vûë interessée, aucun respect humain, que la plus grande misere soit toûjours le principal objet de vôtre plus grande misericorde, ayez égard à la vieillesse, à l'infirmité, à la qualité, au sexe, & que tout se passe dans la regle.

5°. Sa modestie, ne dédaignant pas de demander l'avis à ses Disciples : *Unde ememus panes ut manducent hi ?* les associant à cette multiplication miraculeuse de pain ; de telle sorte qu'elle pût être comme attribuée, & à la foy de ceux qui le mangeoient, & au ministere de ceux qui le distribuoient, puis qu'elle s'operoit entre leurs mains, aussi bien qu'entre celles de celuy qui en étoit l'unique Auteur ; c'eſt ce que remarque S. Hilaire, *ſubrepunt præfringentium manibus, quædam fragmentorum procreationes :* faiſant que chaque Apôtre recueillît dans ſa corbeille les reſtes de ce feſtin, comme le fruit de ſes travaux, & les marques de la benediction que Dieu luy avoit donnée, *collegerunt ergo, & impleverunt duodecim cophinos fragmentorum quæ ſuperfuerunt his qui manducaverunt :* & laiſſant ainſi penſer que c'étoit à eux à qui on étoit redevable de cette merveille : C'eſt pourquoy S. Chryſoſtome obſerve que le Sauveur n'avoit pas dit : Je leur donneray à manger, mais donnez-leur vous-mêmes à manger : *Non dixerat dabo illis manducare, ſed vos date illis manducare :* leur renvoyant ainſi tout l'honneur du feſtin, *honoratiores hac re ipſos Apoſtolos conſtituens*, continuë cet admirable Interprete, & voulant par là, qu'ils oubliaſſent d'autant moins ce prodige, qu'il s'étoit operé entre leurs mains mêmes : *ut miniſtri rerum facti non dubitarent, aut obliviſcerentur miraculi quia manus ſuæ atteſtarentur :* ce qui paroiſſoit d'autant plus neceſſaire, que peu de temps aprés le Sauveur voulant faire une ſeconde multiplication de pains, les Apôtres parurent avoir oublié la premiere, tant leur foy étoit peu vive, & peu attentive, tant leur eſprit étoit fermé, ainſi qu'obſerve ce même Saint : *Ut miniſtri rerum facti, nec dubitaverint, nec obliviſcerentur ejus miraculi, quia manus ſuæ atteſtarentur, & multa miraculi monumenta extarent, nam ſi etiam iis omnibus adhibitis obliti ſunt, ac ſi hæc non fuiſſent facta, quid ipſis accidiſſet ?*

Mais la prévoyance & la puiſſance de Jeſus-Chriſt parurent admirablement en ce qu'il fit, qu'il y eût preciſément autant de corbeilles pleines des reſtes de ce repas, qu'il avoit d'Apôtres, c'eſt à dire douze, ni plus, ni moins : merveille, continuë S. Chryſoſtome, que je n'admire pas moins que la multiplication même de ces pains : *Ego autem non panis modò copiam & multiplicationem admiror, ſed quod tantum quæ duodecim ſportulæ caperent, fragmenta ſuperfuerunt, quod nec plus, nec minus ſupereſſe fecerit, quod prævîderit quantum eſſent conſumpturi : tantum enim ſupereſſe voluit, quod profectò ineffabilis potentiæ eſt.* De plus, ces douze corbeilles pleines des fragmens reſtans de ce merveilleux feſtin, que figurent-elles, dit S. Jerôme, ſinon la doctrine de Jeſus-Chriſt, dont chaque Apôtre fut repu, pour aller enſuite en repaître le reſte de l'Univers : *unuſquiſque Apoſtolorum de reliquiis Salvatoris implet cophinum ſuum, ut vel habeat unde poſtea gentibus cibum præbeat.*

A ces excellentes conſiderations, joignez encore celles-cy ; car l'Evangile en eſt un fonds inépuiſable. 1°. Combien auſtere & penitente étoit la vie du Sauveur & de ſes Diſciples, puiſque pour toute proviſion ils ne portoient avec eux que ce peu de pain d'orge & de poiſſons, l'un & l'autre apparemment de mauvais goût : *Adeo erat Apoſtolorum vita arcta*, dit S. Chryſoſtome, *ut in duodecim hominibus quinque panes & duo piſces reperti fuerint :* Le bel exemple ! heureux qui aime les pauvres & la pauvreté ! 2°. Combien étoit grande l'obéiſſance & la charité des Apôtres, puiſque même ils n'heſiterent pas un moment à diſtribuer ce peu qu'ils avoient, aux pauvres avec une parfaite confiance, ſi-tôt que le Sauveur le leur eût dit, ſans ſe rien reſerver, ſans murmurer, & ſans dire de quoy vivrons-nous donc nous-mêmes? *Et ea adhuc pauca libenter aliis tradiderunt :* ce qui doit nous être d'un grand exemple de la vie frugale & ſobre que le Seigneur exige de nous, de nôtre abandon à la divine Providence, & de la genereuſe charité que nous devons avoir envers les pauvres : *Et ea adhuc pauca libenter tradiderunt*, continuë S. Chryſoſtome, *unde docemur nos paucis iiſque communibus alimentis contentos eſſe debere, adhucque ea libenter largiri pauperibus : nam & Apoſtoli cùm quinque panes afferre ad Chriſtum juberentur, non clamaverunt : Nihil nobis poſtea relinquitur quo noſtram inediam mitigare poſſimus : ſed confeſtim nihil murmurantes paruerunt, unde docemur quanta philoſophia, anguſtaque diſciplina viverent Apoſtoli, noſque ideo etiam ſi pauca poſſideamus ipſa tamen egentibus eſſe concedenda.* 3°. Combien les moindres circonſtances de ce repas meritent d'être approfondies : car ne croyez pas que cette faim qu'enduroit ce peuple, cette ſatieté & cette plenitude qu'ils reſſentirent, & ces douze corbeilles de morceaux que les Diſciples ramaſſerent, ſoient ſans myſtere : rien n'eſt à negliger dans l'Evangile, dit S. Auguſtin : *Non negligenter intuenda eſt etiam ſancti Evangeliſtæ altitudo myſticæ locutionis :* car toutes ces choſes ſervoient à faire voir que ce repas ne tenoit rien du preſtige, ni de l'illuſion d'une nourriture imaginaire : *Ne quiſpiam phantaſma id fuiſſe opinaretur, aut imaginatio quædam,* continuë S. Chryſoſtome : ce que

S. Jerôme enseigne aussi : *Ut ex reliquiis doceret veros fuisse panes.* Encore moins que ces douze corbeilles fussent des signes d'une vaine ostentation, *his rationibus fragmenta collecta sunt, non ad superfluam ostentationem.* 4°. Enfin quel fonds de doctrine ne renferme pas l'Ecriture; car dans ce miracle, on voit que Jesus-Christ voulut tellement tirer du neant les alimens dont il reput ce peuple, qu'il sembla les tirer aussi comme de la substance même du pain qu'il multiplia : tellement qu'il y eut en cela, & creation & multiplication : sans doute pour condamner par avance l'impieté des heretiques, qui dans la suite devoient enseigner, & qu'il n'étoit pas Createur, & que la vieille creature, ou la matiere, venoit du mauvais principe, & non du vray Dieu : *Sed cur panes fecit ex eo quod non est? ut Marcionis & Manichæi impudentia ora obstruantur.* Erreurs que Jesus-Christ détruisit dés lors, montrant qu'il étoit également, & Createur & unique principe avec son Pere, aussi-bien de la vieille que de la nouvelle creature : de la corporelle que de la spirituelle : *Et idcirco ex subjecta quoque materia operatus est.* C'est aussi ce que remarque S. Jerôme : *Audi Marcion, audi Manichæe : quinque panes, & duos pisciculos ad se adferri jubet Jesus, ut eos sanctificet atque multiplicet.*

D'ailleurs, la modestie & l'humilité de ce divin Sauveur n'éclaterent jamais davantage que quand ce grand miracle ayant esté connu de ces peuples, & voyant qu'ils vouloient le faire Roy, il s'enfuit sur la montagne : mettant un fleuve entre luy & ceux qui l'auroient voulu suivre, ou du moins un grand trajet

jet d'eau. *Illi ergo homines cùm vidiſſent quod Jeſus fecerat ſignum dicebant, quia hic eſt verè propheta qui venturus eſt in mundum. Jeſus ergo cùm cognoviſſet quia venturi eſſent ut raperent eum, & facerent eum regem, fugit iterum in montem ipſe ſolus :* nous donnant par là d'excellentes inſtructions, & de grands ſujets d'édification. Premierement, que nôtre bien donné aux pauvres, loin de ſe perdre, ou de diminuer, s'augmente & ſe multiplie. Secondement, qu'il ne vouloit aucune des grandeurs de ce monde, comme tous les myſteres de ſa vie voyagere montroient aſſez. En troiſiéme lieu, que nous devons à ſon exemple en avoir un extrême éloignement : perſuadez que celuy à qui les grandeurs de la terre ſont en admiration, ne ſera pas luy-même en admiration au Ciel, dit S. Chryſoſtome. Quatriémement, s'enfuyant ſeul ſur cette montagne ſolitaire, il faiſoit voir combien peu de gens l'imiteroient dans la fuite des dignitez & des honneurs paſſagers qui s'écoulent avec la rapidité d'un fleuve, *fugit ipſe ſolus.* Cinquiémement, avec quel ſoin nous devions éviter les loüanges & les applaudiſſemenens, ſur tout dans les aumônes & les bonnes œuvres que le Seigneur fait par nous. Enfin, combien nous avions beſoin d'aller nous cacher & nous recueillir dans la retraite pour y vaquer à l'Oraiſon, aprés même les plus grands ſuccés, & les travaux les plus avantageux au prochain : *Fugit in montem orare.* Ces conſiderations religieuſes ſont pour la plûpart tirées de S. Chryſoſtome : *Regem volebant, Chriſtus autem fugit : quid tandem ut humanarum dignitatum contemptus admoneret, ut oſtenderet rebus ſæcularibus nul-*

lis indigere, terrena omnia ei vilia erant, recessit igitur in montem eruditurus nos, ut hujus vitæ claritudinem non admiremur, qui enim humana admiratur, non erit in cœlis admirationi : assuescamus igitur dilectissimi hujus sæculi honorem contemnere, &c. Profitez des exemples du Sauveur & des maximes des Saints : laissez de bon cœur attribuer aux autres les succés ausquels mêmes vous avez eu la meilleure part, renvoyez-leur avec joye toute la gloire, & aprés que la charité vous aura fait répandre dans le monde au service du prochain, retirez-vous dans la solitude avec Dieu, & ne cherchez d'autre recompense que luy, ni d'autre repos qu'auprés de luy : *Fugit in montem ipse solus orare.* Mais outre ces grandes vertus que Jesus-Christ fait paroître dans cette multiplication miraculeuse, admirez encore,

6°. Sa Providence, ayant trouvé dans sa misericorde & dans sa bonté une ressource si abondante aux besoins de tant de personnes, & cela dans un lieu desert; en sorte même qu'il y en eut de reste, tâchez de subvenir à tous ceux que la Providence vous adresse; que nul ne se voye, ni rejetté, ni délaissé; que tous ressentent les effets, ou de vôtre liberalité, ou de vôtre compassion, que tous soient comblez de vôtre bonté, *& saturati sunt omnes, & impleti sunt omnes.*

7°. Sa magnificence & sa largesse dans un tel festin, auquel tous furent reçûs, & nul renvoyé, où chacun mangea autant qu'il voulut, & fut suffisamment repu, & où enfin les restes furent si abondans, qu'ils excederent la provision preparée, tant ce Pere de famille fournit par sa charité, au delà de la necessité : *De quinque panibus majores reliquiæ quàm ſumma eſt colliguntur*, dit S. Ambroiſe. Repas, au reſte, qu'il prepara ſans incommoder ni importuner perſonne, ſans être à charge à qui que ce ſoit, ſans implorer aucun ſecours étranger, ſans en attendre aucune retribution, ſans emprunter d'ailleurs que de ſon inépuiſable abondance & plenitude, ſans tomber par une profuſion inconſiderée dans la neceſſité, mais toûjours riche en luy-même, toûjours preſt d'en faire davantage : car tout ainſi que le Soleil répandant ſa lumiere, ne s'épuiſe point pour cela, & qu'il ne ceſſe point d'éclairer également tout le monde, non plus que les fleuves de couler ſans diſcontinuation, quelque quantité d'eaux qu'ils verſent : ainſi parut la puiſſance de Jeſus-Chriſt qui ne tarira jamais, quelque grandes que ſoient ſes profuſions. De Jeſus-Chriſt, dis-je, qui ſeul fut abſtinent dans ce repas, où tout le monde fut raſſaſié : qui ſeul donna & ne reçût pas, & ne s'épuiſa pas : qui ſeul diſtribua, & ne recueillit pas, & ne diminua pas : qui ſeul pourvût aux beſoins des autres, & ne ſongea pas aux ſiens : qui fut alors plus liberal dans ce repas diſtribué ſur l'herbe, que quand autrefois il commanda à la terre de produire cette herbe même, puiſqu'il produiſit tout à la fois, & ſur le champ, l'herbe, l'épic, le grain, le pain, renfermant & réüniſſant une multitude de productions, & qui exigent du temps & de la ſucceſſion, dans une ſeule & même action : & que ſes mains plus fecondes que la terre la plus abondante, ne rendirent pas ſeulement le trentiéme, le ſoixantiéme & le centiéme, mais le millième & au delà. Quand vous faites l'aumône, quelque abondante que vous la fassiez, ne vous croyez jamais épuisé ni appauvri : plus vous donnerez, plus le Seigneur vous donnera : il vous sera une terre bien plus liberale, que la terre ne l'est au laboureur qui la cultive, *terræ committis, & tantò amplius colligis, Christo committis & perdes*, dit S. Augustin ? Mais quand bien même vous vous épuiseriez, ainsi que la pauvre veuve de l'Evangile, il vous resteroit toûjours un tresor qu'aucun voleur ne sçauroit vous ravir. En effet, pour connoître si quelqu'un fait une riche aumône, ne regardez pas combien il donne, mais regardez combien il luy reste aprés avoir donné, ainsi qu'à cette même veuve de l'Evangile, à qui aprés avoir offert ces deux deniers il ne resta rien, & laquelle par là fut une plus magnifique aumôniere, que ne le furent les riches, ausquels aprés avoir donné beaucoup, il en resta encore davantage : c'est ce que remarque S. Ambroise : *Nec sibi divites blandiantur quòd plus videantur conferre quàm pauperes, uberior est enim nummus è parvo quàm thesaurus è maximo, quia non quantum detur, sed quantum residеat expenditur : nemo plus tribuit quàm quæ nihil sibi reliquit.* Et c'est aussi ce qu'avoit dit S. Jerôme : *Nemo plus dedit pauperibus, quàm quæ sibi nihil reservavit.*

Telle fut l'aumône de Jesus-Christ, qui donna tout, & ne se reserva rien, auquel aprés avoir donné il ne resta rien, & qui se retira dans un desert où il ne trouva rien : qui fut le seul de toute l'assemblée au besoin duquel il ne pourvût pas, & à qui il ne resta que cette humanité qu'il avoit prise pour nous, & dont il vouloit encore nous faire un nouveau pain bien plus exquis que celuy qu'il venoit de diſtribuer : en effet, incontinent aprés le repas dont nous parlons, Jeſus-Chriſt promit de nous en faire un autre, dont celuy-là n'étoit qu'un crayon, en ſe faiſant luy-même un pain qui nous communiqueroit une vie, laquelle pour ſe ſoûtenir n'auroit plus beſoin d'aliment materiel. Sur quoy S. Ambroiſe obſerve trois choſes : la premiere, que le Sauveur donna le repas d'aujourd'huy auſſi-tôt aprés la mort de S. Jean-Baptiſte, auquel finirent la Loy & les Prophetes, d'eux-mêmes vuides de grace, qui à la verité figuroient & promettoient le pain Evangelique, mais qui ne le donnoient pas, qui ne raſſaſioient pas, qui ne gueriſſoient pas. La ſeconde, que Jeſus-Chriſt avant d'admettre à ce repas miraculeux les malades qui ſe trouvoient parmi ce peuple, commença par les guerir de leurs infirmitez corporelles : pour nous apprendre que nul ne devoit prétendre de manger le pain nouveau qu'il alloit inſtituer, s'il n'étoit gueri des maladies ſpirituelles, qui ſont les pechez. La troiſiéme, qu'à la diſtribution de ce pain materiel que Jeſus-Chriſt donne à ce peuple dans le deſert, ſuccede ſelon S. Jean, le Sermon du pain Euchariſtique, dont le pain multiplié venoit d'être une image : En effet, celuy-cy ſe faiſant de grains de froment écraſez ſous la meule, n'eſt-il pas un ſymbole de la Paſſion du Sauveur, & de ſa chair écraſée ſous le preſſoir de la Croix, dont l'Euchariſtie eſt le memorial ? & ce poiſſon roti n'en eſt-il pas un autre de l'ardeur de ſes ſouffrances & de ſon amour, ſuivant cette ancienne doctrine des premiers Peres, *piſcis aſſus, Chriſtus paſſus:* voicy les paroles de S. Ambroiſe : *conſequens igitur erat ut quos à vulnerum dolore ſanaverat, eos alimoniis ſpiritualibus à jejunio liberaret, itaque nemo accipit cibum Chriſti, niſi fuerit ante ſanatus, eſca autem ſolidior, corpus eſt Chriſti, potus vehementior ſanguis eſt Domini. Joannis paſſio deſcribitur, primum, quia poſt legis defectum Evangelicus cibus incipit jejuna paſcere corda populorum.* De plus, & les trois jours pendant leſquels ce peuple endura tant de peine & de fatigue à la ſuite de Jeſus-Chriſt, ne figurent-ils pas auſſi les trois jours que ce divin Sauveur paſſa dans les ſouffrances & dans le tombeau, exerçant pour lors la foy de ſes Diſciples encore foibles, & les conſolant enfin par ſa Reſurrection le troiſiéme jour.

Que ſi dans ce repas myſterieux il n'eſt fait mention d'aucune liqueur pour deſalterer ce peuple, c'eſt qu'il n'étoit encore dans la vie ſpirituelle, qu'un enfant, qui par conſequent ne pouvoit être nourri que de lait, *in modum lactis quinque ſunt panes*, ajoûte S. Ambroiſe, pour ne pas dire avec S. Auguſtin, que le repas d'aujourd'huy, n'eſt que la figure du repas que l'Egliſe nous preſente en cette vie, où nous ne demandons que du pain, où nous ne nous nourriſſons que de pain : *panem noſtrum quotidianum da nobis hodie*, aliment qui s'apprête & ſe mange avec peine, au lieu que le torrent de volupté, & la liqueur precieuſe qui ſe prend avec plaiſir, & ſans aucune fatigue, & qui nous deſaltere pleinement, nous eſt reſervée & promiſe pour l'autre vie, *nam fortaſſè*, dit ce Pere, *& propterea panis dictus eſt, non potus.* Auſſi le Seigneur parlant à ſes Apôtres le ſoir de la Cene, lorſqu'il étoit prêt de partir de ce monde, leur diſoit qu'il alloit leur preparer une table dans ſon Royaume, où ils boiroient avec luy d'un vin tout nouveau : *ut bibatis ſuper menſam meam in regno meo, uſque in diem illum cùm illud bibam vobiſcum novum in regno patris mei.* Et c'eſt-là où nous nous deſaltererons : enfin ſi ce pain eſt la figure du corps de Jeſus-Chriſt, le Sang n'en eſt-il pas inſeparable ?

Quant aux queſtions qu'on pourroit faire, ſur les deux repas où le Sauveur multiplia les pains & les poiſſons, ſur les convenances & les differences entre ces deux celebres merveilles, ce ſont des choſes qui ne manquent pas de myſteres, mais qui ſont reſervées pour le ſixiéme Dimanche d'aprés la Pentecôte : tant de veritez que les ſaints Peres nous ont données, dans l'interpretation de la leçon de nôtre Evangile, peuvent ſuffire abondamment pour nourir nôtre pieté, & l'eſprit doit avoir ſa ſobrieté auſſi-bien que le corps.

Seigneur, nôtre ame, ſemblable à l'enfant prodigue, n'a pû juſqu'à preſent ſe raſſaſier des vils alimens dont ſe repaiſſent les animaux les plus immondes, ni comme une autre Samaritaine courbée vers la terre, ſe deſalterer dans les eaux bourbeuſes du peché : cependant la faim & la ſoif que nous avons endurées au milieu même de ces biens imaginaires, ne ſuffiſent pas pour détromper nos appetits dereglez, qui croyent toûjours pouvoir s'en aſſouvir : la douceur du pain celeſte de vos divinez veritez, dont on ſe repaît à vôtre table, peut ſeule corriger un mal dont l'amertume des plaiſirs ſenſuels, que nous cherchons avec tant d'avidité, ne ſçauroit nous guerir.

Car enfin, Seigneur, nous avons reconnu que la poſſeſſion des plaiſirs du monde n'a jamais pû contenter nôtre cœur, parce que leur mediocrité ne nous raſſaſie point, & que leur frequent uſage nous déplaît : Ce n'eſt, mon Dieu, qu'à vôtre ſainte Table, où l'on ſe repaît de ces pures délices, qui ne dégoûtent jamais nôtre ame par leur abondance, & qui réveillent toûjours nos deſirs par leur nouveauté.

FIN.

Mars 1706.

www.ingramcontent.com/pod-product-compliance
Ingram Content Group UK Ltd.
Pitfield, Milton Keynes, MK11 3LW, UK
UKHW020450180726
13839UKWH00004B/1750

9 782329 564401